人生たいていのことはどうにかなる

あなたをご機嫌にする78の言葉

高尾美穂
Miho Takao

本書は、2023年7月に小社より刊行された
『人生たいていのことはどうにかなる あなたをご機嫌にする78の言葉』を
加筆修正したものです。

はじめに

私たちは日常において、何種類くらいの言葉を使っているでしょうか。

普段よく口にしている言葉は、意識しなくても私たちの頭の中に存在していて、私たちの考え方を気づかないうちに導いているともいえます。

また、誰かの言葉に励まされることもあれば、誰かのなにげないひと言に心がざわざわと不安になることもあるでしょう。言葉という手に取ることのできないものが私たちに及ぼす影響は計り知れず、温かな色に染めあげてくれる言葉、気持ちを冷静に落ちつかせてくれる深い海のような言葉、こんな言葉たちに私たちは毎日支えられています。

言葉を選ぶ。

言葉は選ぶもの。

なにかに迷ったり悩んだり困ったりしたときに、その頭の中の重い雲をはらってくれるのも、自分が選ぶ言葉だったりしませんか？　そして、言葉は自分で選んで使うものだと誰もが意識できたとしたら、この世の中の争いのいくつかはなくせるのではないか、そう思ったりもします。

これからの私たちの愛すべき日常を包んでくれるであろう言葉たちを、私がよく口にするフレーズから集めてみました。

日々の外来診療でお話をしたり、音声番組『高尾美穂からのリアルボイス』に寄せられるご相談にお答えしたりしていく中で、生まれてきた言葉たちです。

みんな、本当によくがんばっている。ちゃんとしている。まともに生きている。そんなみんなにだからこそ、伝えたい言葉は、「人生たいていのことはどうにかなる」。

自分以外の誰かのため、なにかのために迷う、悩む。その時間を、これからの自分のためにも使ってみませんか？　この本の言葉たちがガイドしてくれるはずです。

目次

2章

心のもち方を変えてみる

3章

人間関係に期待しすぎない

4章

前向きに受け止める

5章
幸せに気づける自分でいる

6章

人生をもっと楽しむ

7章

健康は自分で手に入れる

Column

高尾美穂のこと

1章

Myself

自分らしさを大切にする

01

みんなちょっと
ステキなかわり者

誰にもマジョリティの部分と
マイノリティの部分があり、
お互いに似た部分もあれば、
違う部分もある。
それを知ることができれば、
もっとお互いに理解し合える。

マイノリティ（少数派）、マジョリティ（多数派）という言葉は、ジェンダーの文脈においてよく使われますが、それだけではありません。たとえば関東にいればジャイアンツファンはマジョリティですが、カープファンはマイノリティですよね。

そんなふうに考えると、人は誰しもマジョリティの部分とマイノリティの部分の両方をもっています。マイノリティである部分は、世間の枠からはみ出している「ちょっとかわった」部分。もしかすると、「ちょっとかわった」というのは最高のほめ言葉であり、それはじつは、磨けば光る個性です。

人と違うかわった部分を、まずは自分自身が自覚して前向きにとらえる。そして周囲の人も、一人ひとりが少しずつ違う部分をもっていると知ることで、より、お互いの理解が進むんじゃないかと思っています。

02

最初に感じた自然な気持ちを大切にする

自分らしくいられてないな
と気づいたときは、
自分の思いに
ふたをするのはやめよう。
わぁすごい！　楽しそう！
やってみたい！
最初にそう感じたなら、
その気持ちを大切に。

「仕事のため」「家族のため」に自分の24時間を使いすぎていると、自分の望みにふたをしてしまっているかもしれません。人生の後半、自分の時間の使い方を自分で決めることができるフェーズに入ってきたら、自分の気持ちにもう少し敏感になってみてほしい。自分が楽しめること、好きなことを自分なりに見つけることが、これからの人生にはとても大事になってくると思います。

趣味や仕事、生活のことなどなんでもいい。「楽しい！」「すごくはまっちゃった！」など、大人になってからはなかなか味わうことがないような心躍る感覚になれるものがなんなのかを探してみる。

これまではそんな気持ちを我慢することが「大人らしい」「母親らしい」とされてきたし、そうすることが必要なときもあったでしょう。でもこれからは、生まれてくる自然な気持ちを大切にして、「自分らしい」なにかに出合っていただけたらうれしいです。

03

今の自分を知る

今の自分はなにができるのか。
今の自分はなにができないのか。
今の自分にはなにが必要なのか。
今の自分にはなにが必要ないのか。
今の自分にはなにがあって、
なにが足りないのか。

ないものを急いで
手に入れていくよりも
まずは、自分にあるものを
上手に活かしたい。

04

ほんのちょっとの好奇心で世界は広がる

ほんのちょっとの好奇心があれば
世界はぐっと広がるもの。
遠くまで行かなくても、
長い時間をかけなくても、
日常でだって世界は広げられる。

聞いたことがなかった言葉。
知ったふりをしていた事柄。
腑《ふ》に落ちていない根拠。

恥ずかしがらなくていい。
好奇心から生まれた学びで
人生はきっと豊かになる。

05

自分の中の違和感を大切にする

違和感があるということは、
変える余地があるということ。
だから、違和感を覚えたら、
それをスルーすることなく、
じっくり正面から向き合いたい。

私が書かない言葉、発しない言葉が二つあります。それは、「してあげる」「与える」という言葉。

使わなくなったきっかけは、「買っておいてあげるから」「してあげるね」という言葉の響きに違和感を覚えてしまったから。「買っておくから」「するね」でいいと思うのです。

「与える」に関して、「影響を与える」は「影響を及ぼす」と表現しますし、「影響を与えられた」場合には「影響を受けた」としています。「与える」は、上から下へ向かうような方向性をもちます。あまり好きではないイメージのある言葉を、上下関係のない日常で使わないと決めています。

違和感は、言葉の使い方のみならず、人とつき合ううえでの違和感や生活するうえでの違和感などにも当てはまるでしょう。違和感を覚えたことについては、変える余地があり、変えることによってより快適に過ごしていけるだろうということ。だからこそ、自分が感じた「違和感」という感覚を、大切にしたいと思っています。

06

自分がなにを望んでいるのか明確にしてみる

どうしたらよいか
わからないとき、
悩みを人に相談するのも
いいけれど、
その答えをいちばんよく
知っているのは、
たいてい自分自身。
自分がなにを望んでいるのかを
明確にすることが
悩み解決への第一歩。

私がご相談をいただく際にいちばん大事にしていることは、その方の希望、「本音の部分でどうしたいと思っているのか」です。本来、答えは自分自身がいちばんよくわかっているはず。ただ、そこに至るまでのステップ、具体的になにをしたらいいかがわからないから相談するわけです。でも、相談された側が、ゴールを違うところに設定してしまうと、当然その方ご自身の希望とは違うところに導かれてしまいます。だから、人に相談する際は、自分が望んでいることはなんなのかを明確にすることがとても大事です。

相談する相手に「ここは譲れない」という優先事項を伝えましょう。ただ、どんなことでも行動するのは自分自身です。相談された側ができることは、ゴールにたどり着くまでのステップを一緒に考え、具体的にできそうなことを探す手助けをするにすぎないと思っています。

07

自分が主役の毎日を

「誰かが喜ぶからそうする」
「誰かが嫌がるからやめておく」
じゃなくて、
「自分が誰かの喜ぶ顔を
見たいからそうする」
「自分が誰かを嫌がらせたく
ないからやめておく」。

ちょっとした違いだけれども、
なにかを決めるとき、

「自分が決める」「自分が選ぶ」

そんな意識をもちたい。

それが、自分が主役の毎日。

08

自分の言葉じゃなきゃ伝わらない

自分の言葉で伝える努力を。

強く信じるその気持ちが
生み出す言葉だから、
心をつかむことができる。
熱量をもった言葉だから、
心を揺さぶることができる。

だから、自分の内側から
湧き出る言葉を、
自分の言葉として選ぼう。

09

「今の自分」にこだわらない

「今の自分」にこだわらない
毎日を。

「今の自分」は
「これまでの自分」の積み重ね。
「今の自分」を脱ぎ去らなければ、
「次の自分」は訪れない。

だから、「今の自分」を
簡単に手放せるような
私でいたい。

10

あるべき姿よりも ありたい姿に

「あるべき姿」を
求められるときには
全力で「あるべき姿」を
準備するけれど、いつだって
「ありたい姿」は心にある。

こうでありたいという
気持ちから、
新しい自分らしい自分が
作られていくのだから。

11

尖《とが》ることを恐れない

誰もがもつ
周りとは違うなにか。
その尖りが
プラスになるものであれば、
周りに合わせて丸めなくていい。
尖りを強みにして、
尖りを楽しもう。

日本には、周りと同じであることをよしとする風潮が、昔からあります。周りと歩を合わせることも、当然大切な意識であり、スキルです。しかし、一人ひとりに周りと違うなにかは必ずあります。もしそれが、周りや自分にプラスになるようであれば、その尖りをあえて丸める必要はないのではないでしょうか。


ちょっとの尖りをプラスに考える。

ちょっとの尖りを強みにしていく。


そんなことなんて露も考えることなく今に至っている私ですが、思い返してみると、周りとの違いを楽しみながら過ごしてきたなと思います。

みなさんの尖りはなんですか？

丸めたい尖りなのか磨きたい尖りなのか、そんな判断をしつつ、自分のキャラクターを自分で選んでいくことも大切かもしれませんね。

12

ご機嫌でいるのは決意

ご機嫌でいようと決意することで
物事のマイナスの面ではなく、
プラスの面が見えてくる。
自分がそう決意すれば
ご機嫌でいることはできるはず。

ご機嫌でいる、というのは決意だと思っています。私は朝起きるといつも、「今日も一日ご機嫌に過ごすぞ」と自分で決意するんです。この決意によって、想定外の出来事が起きても「まぁいいか」と思えるもの。

たとえば、ちょうど仕事に出かけようとしたときに、宅配便の方がインターホンを鳴らすという出来事が起きたとします。その方がマンションの一階から二つの鍵を開けて上がってくるのを待っていると、仕事に遅れるかもしれない。そんな状況でも「タイミングよく受け取れてよかった」「その方が重い荷物を何度も運ばなくてすんだ」という考え方ができれば、その出来事ですらご機嫌でいられる理由になるのです。

13

なりたい自分をイメージするとそうなれる

こうなりたいと思うから、
そうなるために努力し、行動する。
他力本願ではなく、
まずはなりたいと思う自分を
クリアに思い描こう。

14

自分で決めることが未来になる

どんなことでも自分の頭で考えて、
自分の足で動き、自分の目で見て、
自分の意思で決めていく。

それが自分に対する
責任となり、続けていく
モチベーションにもなる。

2章

Mind

心のもち方を変えてみる

15

自分の心に鎧を着せる

体がむきだしだと大きなケガをしてしまうように、心もむきだしでは、ダメージが大きくなってしまう。

だから、自分の心に鎧を着せて、自分を守ろう。

私たちは、人の発する言葉に傷つくことがあります。そんなとき、心がむきだしでは、ダメージが大きいですよね。私は中学生の頃に、あとから思えばいじめだったと考えられる経験をしました。そのとき、本能的に自分を守る方法を探し、たどり着いたのが、「心に鎧を着せる」ことでした。

心に鎧を着せる方法は、いくつかあります。

まず、「人は他の誰かから傷つけられる可能性がある」と知っておくこと。あらかじめ知っておけば、ダメージが減り、回復も早くなります。

そして、もし傷つけられたら、傷ついた自分の心をギュッと抱きしめること。「大丈夫、大丈夫」「気にしない」という言葉を自分にかけるのです。自分にはいいところがあるとちょっと開き直ることも、心にプラスに働くでしょう。

16

自分の期待に応えよう

人の期待になんて
応えなくていい。
人にがっかりされるよりも
自分にがっかりしないように
したいもの。
自分自身の期待に
自分で応えていこう。

私は「人の期待になんて応えなくていい」と思っています。誰かの期待に応えるというスタンスは、いわば、ほかの誰かがイメージしている自分に近づくこと。それが本当に、自分が望んでいることなのでしょうか。

大好きな人や、尊敬する人から認められたいという気持ちは、ある意味自然なもの。けれど、それは自分らしく成長していく過程における取り組みでなければ、意味がありません。その「期待」が自分の望んでいるものでなければ、そんな期待には応えなくていいし、人にがっかりされたっていい。私は人にがっかりされるよりも、自分にがっかりするほうがよっぽど嫌です。

最終的には、人生への期待は自分自身がする。自分自身の期待に、自分で応えていく。これが、私たちの努力の向かう先だと思うのです。

17

何事も人より優れてなくていい

人と比べて
勝っているという優越感、
負けているという劣等感は、
どちらも前向きではないから
人と比べるのはやめよう。
何事も人より優れてなくていい。

私たちそれぞれには、
それぞれのよさがある。
自分のよさを知ることのほうが
きっと大事。

18

どうでもいいことはどんどん手放していく

私は自分を取り巻く物事を
二つのグループに分けている。
それは、「どうでもいいこと」と
「どうでもよくないこと」。
グループ分けをしたうちの、
「どうでもいいこと」を手放せば、
「どうでもよくないこと」
＝「本当に大切なこと」に
注力することができる。

19

あれがない
これがない
と思うより
あるもので
工夫しよう

生活の中での困り事は、
今あるものでたいてい解決できる。
少しの工夫で、
生活はより過ごしやすく快適に。

私は「工夫」という言葉が好きです。工夫がつく熟語に「創意工夫」がありますが、「創意」がまだない新しいものを作るという意味があるのに対し、「工夫」は今あるものを生かすという意味合いでとらえることが多いと思います。

たとえば私は、ドラッグストアで粉薬を買ったら中の小袋を一度全部取り出し、箱のふたを内側に折り込んで、小袋を切り目のあるほうを上にして並べておくようにしています。こうしておくと見えやすく、小袋の残量もわかりやすいし、飲むときも取り出しやすい。これも生活上の工夫ですよね。工夫って、あるものを使い、より快適な過ごしやすい状態にすることだから、どんどんしてみたらいいと思っています。

生活の中で「あれがない、これがない」という困り事があっても、身の回りにあるもので工夫すれば、案外解決できたりする。工夫って結構楽しいですよ。

20

少しの余力を残す

がんばれないと思ったら、
勇気をもって少しの余力を残そう。
残したその少しの余力が、
次に動き出すための
エンジンになってくれるから。

私たちはずっとがんばれがんばれと育てられ、大人になった今も、周りの声に応えたいとがんばっています。小さな頃から刷り込まれたこの考え方を、変わらず持ち続けているという人が多いものです。でも、がんばりすぎて疲れたり、行き詰まったりすることはありませんか。

がんばろうと思ってがんばれるところまでは、がんばればいい。でも、がんばれないと思ったら、勇気をもって少しの余力を残すことを考えたい。その余力はきっと、次に動き出すときのエンジンになってくれます。

仕事量が多すぎるなと思ったら、睡眠時間が足りていないと思ったら、がんばりすぎている自分自身に少しの余力を残すことを選んでみてください。

21

心の透明度を上げる

雑事から離れ、雑念から逃れ、
心の透明度が上がると、
大切なものだけが
浮かび上がってくる。
どうしたらよいか
わからないときは
心の透明度を上げて
浮かび上がってくる
最上の選択肢を、
迷うことなく選ぶだけ。

22

直線的な思考から曲線的な思考へ

私たちが出合う物事は、
すべてが直線的に変化して
いくわけではない。
思い通りの変化じゃなくても、
その変化を楽しんでみよう。
その間に起こる曲線的な変化が
新しいなにかを
もたらしてくれるから。

23

気持ちの切り替えは自分でできる

ささいな出来事で気持ちがダウンしてしまったとき、
落ち込んだ気持ちの
切り替えを担うのは、自分自身。
そう強く意識しておくことで、
落ち込んだ気持ちは
自分で切り替えられる。

私たちの気持ちというのは、なにかの物事がきっかけになって落っこちたり、引っ張られたりしてしまうものだということを、みなさん経験されていると思います。たった一つのメールでも、誰かのひと言でも。それでも、そのまま一日が終わるまでどんどん気持ちが落ち込んでいってしまうのでは、時間がもったいないと思いませんか。

脳の前頭前野は、自分の気持ちの切り替えを自分でするための場所。自分自身の気持ちの切り替えは、自分自身が担っているということなんです。これを強く意識しておけば、落ち込んだときに気持ちを変えることができるはず。早めに自分で切り替えて、落ち込んだ気持ちをいつまでも持ち越さないようにしたいですね。

イライラする自分にできる5つのこと

とっとと寝てしまう

ストレスホルモンと呼ばれるコルチゾール値は、眠っている間に低下します。「夜、気になっていたことが翌朝起きると気にならなくなっていた」という経験をするのは、そのためです。

気持ちをリフレッシュできる方法を見つけておく

私の場合は、シュワッとしたレモン風味の炭酸水を飲むのがお気に入りの方法です。運動やサウナなどもいいでしょう。

イライラの原因とは全く関係のない人と、全く関係のない話をする

イライラの原因から気持ちをそらすこと、直視しないこともときには必要です。全く関係ないことに取り組むのもいいですね。

感情をすぐ言葉にしないという強い意志をもつ

自分の感情を言葉に置き換えると、その感情は増幅するので、ネガティブな感情は言葉にしない。私がほぼ毎日実践している方法です。

世の中には自分と違う考え方をもつ人がいると認識する

怒りを覚えるのは、自分のものさしに当てはめてみて、違うと感じたときが多いようです。「ものさしは人によって違う」と思っておくと、イライラだけでなく、いろんなネガティブな気持ちから自由になれます。

25

自己犠牲からの優しさは本当の優しさではない

誰かのために、という
気持ちをもっていたとしても、
自分自身が傷ついた状態で
誰かを救うのは、
本当の優しさではない。
自己犠牲、自己満足ではなく、
自分も相手も満たされること。
これが継続可能な
本当の優しさ。

26

ゆるす心とは憎しみを手放すこと

大事なものを
奪った人に対する憎しみ。
傷つけた人に対する憎しみ。
その気持ちを手放すには
長い時間がかかるかもしれない。
でも、いつか手放すという
選択をしたい。
忘れることはできなくても
手放す。
それがゆるすということ。

27

理想の自分を手放したほうがいいときもある

メンタルや体の不調を
感じているときは、
理想像を手放すことも必要。
がんばりすぎず、
今の自分に合った
過ごし方を。
今は理想を手放して
できるだけ身軽になるとき。

28

他人を見る感覚で自分を眺めてみる

気持ちが落ち込んだときは、
もう一人の自分が
少し離れたところから
自分を眺めている、
そんなイメージをもってみる。
他人を見る感覚で自分の状況や
気持ちを言語化し、
次にどうするかという
具体的なステップに移るために。

高尾美穂のこと

Column 1

私が産婦人科医になったわけ

名古屋での研修医時代はさまざまな科で学びました。じつは、内視鏡科に進みたいと思っていたんです。なぜかというと、CTやMRIの画像など間接的ななにかを見て診断をつけるという方法よりも、内視鏡のように直接自分の目で見て判断するほうが自分の性格に合っているのではないかと思っていたからなんです。

実際、内視鏡を扱ってみて、わりと手先の器用なほうでしたし、胃カメラのスキルが身についていくのもうれしかったです。ただ、内科や外科など他の科から依頼を受けて検査をして診断がついたら、依頼元に戻っていく、そんなふうに、患者さんが自分の目の前を通過していく科だ、と感じました。なんとなく自分が思っていたイメージとは違うなと思いながら、内視鏡科での研修期間を終え、次の研修先が産婦人科でした。

医学生の頃、産婦人科医になろうと考えたことはなかったのですが、産婦人科で研修医として働くうちに気づきがあったんです。私はきっと、医師として一人の患者さんを長く診ていくことを望んでいるのだということです。産婦人科は赤ちゃんが生まれるところから、生理が始まる思春期、子どもを欲しいと思ったとき、妊娠したとき、出産、そして更年期以降まで、一生をとおして困ったときや悩んだときにサポートをすることができます。それ以外にも、たとえば、婦人科がんを診断するのも、手術をするのも、抗がん剤等の治療や緩和ケアをするのも、そしてお見送りするのも産婦人科です。一つの科の中で幅広く人の一生に伴走していくことができる科だと感じました。やりがいを強く感じた記憶があります。そして、産婦人科だけは「一人で入院をしてきて赤ちゃんと二人で退院していく」ことが、当時の私にとっては大きな喜びだったような気がしています。産婦人科の恩師も素敵な先生でした。看護師さんたちとよいコミュニケーションを築けている私に、女性を相手にする産婦人科に向いていると何度も話してくださったから今があります。

私が最終的に産婦人科医でやっていけると感じた理由は、外来に来られる患者さんであるおばちゃんたちのお話を聞くのが全然苦じゃなかった、むしろ好きだったということです。産婦人科医の仕事は病棟業務や分娩、手術などさまざまあり、外来はその中の一部分にすぎません。でもその外来の場で、人生の先輩である女性の患者さんたちがいろんな悩みや思いを打ち明けてくれるわけです。その話はたいていこんがらがっていて、原因と結果がごちゃまぜになって悩んでおられる。絡み合ってしまったお話をどうほぐしたらご本人が納得できるだろうか、年の若い私からできる提案はなんだろうかとくり返し考えた記憶があります。

もちろん、産婦人科医としてホルモン補充療法や漢方による治療なども提案できるわけですが、「患者さんはなにを求めて来ているのか」をはっきり認識する、これが私が大切にしてきたいちばんのポイントです。当時から、「この方は私にこのお話をすることで、その先はなにを望んでいるのだろうか」ということをいつも考えていました。確かに、ご本人にもその答えが見えていないことがありました。でもその中で、いくつかの選択肢を考え、「もしかしたらこれかな、いや違うな、こちらかな」と試行錯誤する。その方自身の生活もしくはご家庭の状況に直接手は出せないけれど、その方自身の答えの方向に近づくことができる、これが私にとってうれしいことでした。

私が医師として働きはじめてから20年以上が経ちますが、目の前の方がなにを望んで来られたかを推測してみることを今も大事にしています。たとえば、かゆいと訴えて来られた方が、かゆみをどうにかしたくて来たのか、かゆみの原因が知りたくて来たのか、問題ないことを確認したくて来たのか。

あくまでその方がなにを望んでいるのかを正しく把握しないかぎり、ご本人が満足してお帰りになることはありません。患者さんが望んでいることは、人それぞれ異なるから。

これは、医療職だけではなく、どんな「人対人」のコミュニケーションにも当てはまると考えています。ヨガのクラスに来られるお客さんが、なぜ自分のクラスに来てくれるんだろうと一度考えてみる。言葉を交わさないまでもどんなときにその方の笑顔が見られるかを観察するだけでも、その方が望んでいることは想像できるんじゃないかと思うんです。必要なのは、「想像力」。それが思いやりや優しさを生みます。仕事はもちろん、もっと小さなコミュニティ、たとえば家族に対しても生かすことができると思っています。

西洋医学を担っている私にとって、感じ続けてきた課題があります。それは、患者さんには西洋医学だけでは埋められない悩みがあるということ。私のイメージはこんな感じです。来られる患者さんが抱えている悩みを「長方形」で表したとき、この長方形をどうすれば埋められるか。私は大学病院ではがんを診るチームにいて、大学院では卵巣がんを専門にしてきたわけですが、手術などの治療を行えば、この長方形にドーンと大きく丸を描く感じで、真ん中の大部分は埋められる、つまり、もっとも困っている状態は解消できるでしょう。でも、長方形の端っこに残ってしまう埋めきれていない部分を埋めるのは、西洋医学の医者にとっては非常に不得意な分野ともいえます。

私は好きでヨガを続けていますが、ヨガがこの長方形の端っこを埋める小さな丸の一つになればいいなという思いをもっています。この端っこを埋めるためにできることはないかと考えるとき、しばしばヨガからアイデアをもらいます。そして患者さんに提案してみると非常に喜ばれることも。大きな病気を経験された方が前向きに生き、QOL（生活の質）を高めるためには、必要な提案じゃないかと思っています。私は今、分娩や大きな手術はしない現場で医師を続けていますが、その方の人生がよくなるためにできることはなにかを常に考えて取り組んでいきたいと思っています。

3章

Relationship

人間関係に期待しすぎない

29

2：7：1の法則を知ると人間関係がラクになる

大事にしたいのは、
自分と気の合う「2」の人たち。
一方で、どちらでもない
「7」の人たちの中で
「2」に近い人が増えたらいいね。
そう考えると、
人間関係がラクになる。

カウンセリングの祖ともいわれる心理学者カール・ロジャーズが提唱したものに、「2：7：1の法則」があります。これは、自分の周りに10人の人がいたとき、そのうち2人はとても気が合う人、1人はとても気が合わない人、そして残りの7人はどちらでもない人だという法則です。

まず、大切なのは、自分と気が合う「2」に相当する人を見極めることです。次に1割くらいは気が合わない人がいたとしても、ありうることだ、ということ。そして、「どちらでもない」7割の人たちといい関係性を築いていくことができたらうれしい。こんなふうに考えると、気持ちがラクになりませんか。

30

よきご縁にするもしないも決めるのはきっと自分

「人には添うてみよ、
馬には乗ってみよ」
小さい頃、
よく母の口から聞いた言葉。
どんな人でも、どんな馬でも、
ちゃんと接してみれば
それぞれのよさがあるもの。
そのよさを
きちんと感じることができたら、
そのご縁が活きたものになる。
よきご縁を育てる努力を
続けていきたい。

31

「ありがとう」を伝えよう

人のよいところに目を向けて
「ありがとう」を
伝えてみませんか。
わかりやすいアクションに
対してだけでなく、
その人の活動に向かう心意気や
醸し出す雰囲気、態度や言葉、
「その人の存在そのもの」にも
感謝の気持ちを伝える機会を
もってみたい。

32

やわらかい つながりをもつ

なにかに属している
という「強いつながり」は、
ときに苦しくなってしまうことも。
枠にはまらない、いくつもの
「やわらかいつながり」を
もっておこう。

なにかに属している、その組織に守られているという「強いつながり」は、ありがたいけれど、窮屈に感じることがあります。私はこれからの時代、大切になるのは「やわらかいつながり」だと思っています。

属しているそこを唯一の自分の居場所とするのではなくて、「やわらかいつながり」をいくつももってみる。現代は何事も自分でできるようにという教育がなされてきましたが、誰かに頼ることもとても大切です。頼るということは、頼るほうはもちろん助かるけれど、頼られるほうもうれしい。そんなときに生きてくるのが、複数の「やわらかいつながり」です。核家族や一人世帯が増えている時代、社会全体においても大切になってくると感じています。

33

お願い上手になろう

みんなお願い上手になるといい。
自分にしかできないことを
最優先して、
誰かに頼めることは頼んでみる。
自立を目指すのも大事だけど
人にお願いできる部分は
頼んでみよう。

34

誰かを応援することは自分を応援すること

自分が大変な状況であっても
他の誰かを応援する
ことはできる。
大きなことをしなくてもいい。
ちょっとした言葉がけで
空気が温かくなる、
なんてこともあるのだから。
そしてそのアクションによって
誰かが笑顔になってくれたら、
きっと応援して
よかったって思える。
それが自分自身を元気づける
ことにもつながる。

35

正しさ、の前に優しさを

正しさを伝えようとするだけでは、
うまく伝わらないどころか
相手の気分を
害してしまうことにも。
正しさと優しさは
共存が難しいことも。
まずは、相手の意見を
認めるという
優しさを届けよう。

私は、正しさには2種類あると考えています。一つ目は、数値的・科学的に正確であること。誰もその正確さを否定することはできませんから、相手に納得してもらうほかありません。二つ目は、世の中の常識的な正しさ。こちらは、自分は正しいと思っていても、ほかの人はそう思っていない可能性があります。だから、自分の基準に照らし合わせて、これが正しい、あなたは間違っているという伝え方をすると、相手は気分をそこねてしまうこともあるでしょう。

正しさと優しさの共存は難しいこともあります。人になにかを伝えたいと思うのであれば、正しさをある程度ファジーにして、まずは「なるほどね、そんな考え方もあるのね」と受け止め、その後に「あなたの考え方もいいけれど、こういう考え方もあるよね」と相手にやわらかく伝えることで、優しさも届けられるのではないかと思っています。

36

相手に受け入れられやすい言葉を選ぶ

言葉は、選ぶもの。
相手を傷つける言葉は選ばず、
相手に受け入れられやすい
言葉を選ぶことで
コミュニケーションは円滑に。

言葉をなんとなく使う
のではなく、選んで使う。
日常的に「言葉は選ぶ」を
習慣にしよう。

37

苦手な人には近づかない接しない受け流す

合わないと思う相手の言動は、
無理して受け入れずに受け流そう。
接点が多くて
スルーできない場合は、
直接的なやり取りを減らす努力を。
意識的に距離を置き、
一線を引くことで
ストレスを避けよう。

38

自分以外の誰かと100%わかりあえることはない

わかりあえることはない、
というと
ネガティブに聞こえる
かもしれないけれど、
相手は自分ではないから。
それを理解したうえで、
わかってもらう努力をする
ことが大事。

自分以外の誰かとコミュニケーションを取る際、まず大前提として、100％わかりあえることはきっとないと思っておく、これはすごく大事な考え方です。わかりあえないというとネガティブに聞こえるかもしれませんが、これは真実です。なぜかというと、相手は自分ではないから。家族だから、近くにいるからといって、理解し合えるとはかぎりません。近くにいても、これまでに違う経験をして生きてきている。もし同じことを経験してきたとしても、それぞれ感じることや受け止め方は違う。

この大前提を頭に置いたうえで、自分のことをわかってもらう努力をすること、お互いにわかりあうための「ちゃんと伝える」というアクションをあきらめないことが、大事だと思っています。

4章

Positive

前向きに
受け止める

39

「ねえねえ、すごくない？」

いいと思うことがあったら、
「ねえねえ、すごくない？」って
声をかけてみよう。
相手と気持ちを共有できるし、
「すごいね」って
人に認められることで
自己肯定感アップにもつながる。

なにか可愛いものを見つけたり、すごいなと思ったことがあったら、「ねえねえ、これ可愛くない？」「これ、すごくない？」って周りに声をかけてみることをおすすめします。「すごくない？」と聞いたときに、「別にすごくない」と返す人はほとんどいなくて、反射的に「すごーい！」と言ってくれるものです。人に認められることは、自己肯定感を高めるのにも役立ちます。

また、自分がいいと思ったものを相手に知ってもらうのは、「自己開示」にもつながります。自分のことを伝えるのは、相手との関係性を深めるいちばんいい方法です。たとえば好きなことを相手と共有することで、相手との心の距離が近くなり、打ち解けやすくなりますよ。

40

迷ったときはワクワクするかどうかで判断する

毎日が決断の連続ともいえる私たちの生活。
考えて納得できる決断ができればそれでいいけれど、
迷ったときは、
ワクワクするかどうかを基準に判断を。
つまり、自分の心に聞いてみることが大切。

41

ハードルは低く
ゴールは広く

なにかを始めるとき、
最初のハードルは低めに
しておこう。
続けられるようになってきたら
ちょっとずつハードルを
高くしていけばいい。
そして、続けるうち、
初めに思っていた形と
違ってきても、
やりたかったことが
だいたいできていたら、
それがゴール。
そんな風に身軽に
トライしていこう。

42

「機が熟す」より「思い立ったが吉日」

なにかアクションを起こすときに
GOサインを出すのは自分。
なにかをしたいと思ったら、
やってみたいと思ったときが
始めどき。
まずはやってみる。

タイミングを示すことわざが、日本にはいくつもあります。たとえば、「思い立ったが吉日」は、やってみようと思ったときにするのがいちばんいいという意味のことわざ。しかし、一方で、「機が熟す」のを待つとか、十分な準備をして「満を持して」行動に移すという方もいるかと思います。どちらがよいという正解はありませんが、私自身は「思い立ったが吉日」と考えるタイプです。

行動に移すのは早ければ早いほどいい。「鉄は熱いうちに打て」ということわざもありますよね。そのための知識や情報を知るのが早すぎるということはない。でも、あとになってもっと早く知りたかったということはありますよね。いいタイミングがいつなのかはっきりわからないのであれば、思い立ったが吉日。まずはやってみる。そんな考え方がいいんじゃないかなと思っています。

43

自分の できることに 目を向ける

「足るを知る」
という言葉があるように、
大切なのは
自分がもっているものに
目を向けること。
自分ができないことに
目を向けるのではなく、
自分ができることを生かすことで
きっと幸せがもたらされる。

44

トライ&エラーの中で「ちょうどいい」がわかる

自分にとっての
「ちょうどいい」を知るには、
いろいろ試してみることが必要。
たとえば食事の量も、
食べすぎたり、
すぐお腹が空いてしまう
経験を経て
「ちょうどいい」を
知ることができるというもの。

45

「まぁいいか」ゾーンを広くもつとラク

「好き」と「嫌い」の間にある
「まぁいいか」ゾーン。
「嫌い」ゾーンを
なるべく狭くして
「まぁいいか」ゾーンを広く
もっておくと、
人生、ラクに過ごせる。

私たちの生活は「いいな、好きだな」と思うことばかりではありません。自分の目の前に横長の箱を思い浮かべてみてください。箱の右側のほうは「好き」と思うもの。自分の生活の中で好きと思えるものはどれぐらいの割合かなと考えてみてください。3割くらいと思ったら、右から3割ぐらいが「好き」ゾーンです。

その左側になにがあるかというと、「まぁいいか」というゾーンがあります。「まぁいいか」ゾーンの右のほうは、好きに近いけどそこまで好きじゃない、まぁいいかなと思うもの。左のほうは、好きじゃないけど、まぁゆるせるという部類になります。そして、いちばん左が「嫌い」というゾーンです。このゾーンがなるべく狭いほうが、私たちはきっと生きやすい。

嫌なことを無理に前向きに考えて「好き」ゾーンにもっていくのではなく、「まぁいいか」ゾーンに入れていったん手放す。そうすることで、人生、ラクに過ごしていけるように思います。

46

「できたら天才だね」

「それは無理でしょ」の代わりに
「できたら天才だね」
と言ってみる。
ネガティブな思考回路を
ポジティブに変える
いちばん簡単な方法は、
よく使う言葉を
ポジティブなものに変えること。

気持ちを前向きにするためにできること、それは、積極的な言葉を選ぶ癖をつけることです。たとえば、「あ〜、疲れた」という言葉は、「あ〜、よくがんばったな」に言い換えると、起こった出来事について前向きな方向に自分でもっていくことができます。

私自身はよく「それは無理でしょ」の代わりに、「できたら天才だね」という言葉を使います。できるかできないかわからないけど、できたらすごいよねというイメージで、少し明るい気持ちになります。ほかにも私が使う言葉で、「面倒くさいな〜」→「いっちょがんばるか」、「退屈だな〜」→「自分にはいっぱい時間がある」、「あの人は飽きっぽいよね」→「あの人は好奇心が旺盛だよね」、「あの人、こだわりすぎるよね」→「あの人、職人だね」などがあります。

ネガティブな言葉ではなく、意識的にポジティブな言葉を選んで使うようにするうちに、思考回路も前向きなものに変わっていきますよ。

47

面倒なことは放っておくのもあり

面倒くさいことは2種類に分けられる。
先に延ばすとより面倒くさくなることと先に延ばしても大丈夫なこと。
先に延ばしてもいいと思えることはそのまま放っておこう。

私は、面倒だと思うことは、二つに分けて考えます。

先に延ばすとより面倒くさくなる可能性があるものは、とっとと片付けるにかぎります。たとえば、間違っているとご指摘をいただいたとき、すぐに間違いを直せばそれで終わる話ですが、そのまま放置してしまうと、結局その状況がさらに悪化することも起こりうるでしょう。

一方で、面倒くさいからやりたくないと思って放っておいたとしても、そんなに未来に影響しないものもあります。たとえばセーターをクリーニングに出して片付けたいと思っているけど、そのままになっているといったこと。それを放っておいても、その先そこまで困るわけでもないなら、まずはそのまま放っておきましょう。そして、心と時間に余裕が生まれたら、できる範囲で取り組めばいいのです。

48

気持ちを変えるには行動を変えるのがいい

自分の気持ちを
変えるのは難しいけれど、
行動ならコントロールできる。
気持ちを変えたいと思ったら、
まず体を動かしてみる。
気持ちを変えるよりも
行動を変えるほうが、
はるかに簡単。

「心」というものを自分で変化させることは難しいです。なにかできることはないかと尋ねられたら、体を動かすことをおすすめします。行動というのは自分でコントロールできるものだから、変えられる。すると、気持ちもだんだんと変わっていくもの。

たとえば、「朝、気持ちが前向きになれず、起きられなくてだらだらしちゃうのが嫌」という方には、「とっとと動き出す」のがおすすめです。すぐに布団から出て起き上がるのが無理なのであれば、まずはお布団の中で動き出してみましょう。たとえば、ヨガのチャイルドポーズをしてみる。正座をして背中を丸めておでこと両手を床につけるポーズです。チャイルドポーズをしたら、ゆっくり背中を持ち上げてまた元の正座に戻る。早く起きなきゃと考えだけをめぐらせるのではなく、実際に体を動かす。行動を変えるほうが、気持ちを変えるよりもはるかに簡単ですよ。

49

前向きに開き直る

「開き直る」とか「あきらめる」
って言葉がもつ意味は
ネガティブなものだけじゃない。
すでに終わったことに
とらわれてしまうのではなく
前向きに開き直ろう。
前向きにあきらめよう。

高尾美穂のこと

Column 2

私が幸せでいるためにしていること

好きなものに囲まれて過ごす、これが私のこだわりです。

好きなお洋服は「マニッシュでサイズが合っているもの」。好みははっきりしていて、靴はお気に入りが古くなると、靴底を張り替えて履き続けるくらいです。洋服はメンズライクなものが好きですが、メンズのものはサイズが合わないので、シャツやジャケットはレディースのもので好きなデザインを探しています。好きなものに出合えることは多くはないので、今持っているものは20年かけて少しずつ増えてきたものです。

ネクタイは、お友だちに手縫いで長さを短くしてもらったり、海外ブランドのボーイズのネクタイを買ったりしています。好みは高校生のときから変わっていないですね。だから、高校生のときに買ったクリーム色のコーデュロイのジャケットは、今でも着ています。

「モヒ」（ヘアスタイル）もこだわりですか？ってよく聞かれますが、これは乾きやすくてセットがいらない便利な髪形。もともと右分けの七三だったのですが、分け目が薄くなってきたので、美容師さんに相談して分け目を左にしようとしたんです。でも髪の毛がうまく寝なかったので、ちょっと真ん中に寄せてみたら、私の大好きな「タンタン」みたいになって、「いいんじゃない？」と。それ以来のスタイルで気に入っていますが、今はこだわりというより、私らしさの一つになっています。

好きなものに囲まれるというのは、快適さにつながると思うんです。こだわりというのは、自分の体やメンタルの状態を快適にするためにできること、とも言いかえられると思います。自分がどういう状態でいたいと思っているのかを探し、自分を満足させる、というイメージです。

また、「空を見ること」も大好きです。空っていいなと思うのは、どこまでもつながっていて、みんなもこの空を見ているんだな、みんな同じ空の下にいるんだなと思えたりするからです。見上げると胸が広がるから、呼吸もしやすくなる。呼吸を意識できないときは、空を見上げる時間をもつのもおすすめです。

ほかには、「炊きたてのご飯を食べること」が好き。だから、ご飯は少しずつ、しょっちゅう炊いています。「お腹が空いたらご飯を食べる」というのもこだわり。逆にお腹が空いていなかったら食べません。だって、お腹が空いているときに食べるのって、幸せじゃありませんか。そう考えると、自分の幸せのためにできることって、案外身近にあるのかもしれません。

こうお話しすると食事にこだわっているように思われそうですが、たとえばお茶碗の形とか重さとかにはこだわりはありません。あるとしたらお箸で、先が細いものが好きですね。外科系のドクターならわかると思うのですが、手術で使うピンセットは先が細いんです。先が細いほうが、小さな力で細かい動きができる。だからお箸も、先の細いものが好きなのかなと思います。

日常の快適さについて考えるとき、1日24時間を8時間ずつ三つに分けて考えてみるとわかりやすいかと思います。24時間のうち、8時間は働く時間、8時間は眠る時間、そして残りの8時間が好きなことができる自分のための時間。この「自分のための8時間」をどう使うかを、しっかり考えることが大事です。「自分のための8時間」には、通勤時間やお子さんのお迎えの時間なども含まれますから、それらを除くとずっと短くなります。私はなるべくこの時間を長くとるために、通勤時間がかからない職場の近くに住み、満員電車のストレスを減らすために大好きな自転車で通勤するという選択をしています。

日常生活にはがんばらなきゃいけないことが多いですが、この「自分のための8時間」の中で、「今はがんばらなくていい」という時間をもつことが大切だと思っています。私にとっては、ソファ代わりでもあるベッドで猫たちと一緒にゴロンとして本を眺めている時間です。だから、その空間が快適な状態であることはすごく大事で、朝起きたら必ずベッドメイクをして整えています。シーツ類は毎日肌に触れるものですから、肌触りのよいものにしていますし、きちんと洗濯するようにもしています。リラックスできているときのその空間が快適であることも、とても大事です。

大切なのは、日常生活の一コマ一コマを自分が快適と感じているかどうか。もし快適じゃないと気づいたら、それを流してしまわず、すぐに変える。たとえば私が長年持っているお気に入りのお洋服の中には、背中の幅がちょっと窮屈になってきたシャツがあるんです。着られないわけではないけれど、ちょっと動きにくい。そんなとき、もしお気に入りだったとしても、仕方ないよねと手放す。快適さのために前向きにする判断です。

5章

Happiness

幸せに
気づける自分でいる

50

幸せは「なるもの」じゃなく「感じるもの」

幸せは自分の心が感じるもの。
誰かに幸せにしてもらうとか
自分で幸せになりにいくとか
そういうものではない。

世の中で言われる「幸せになる」「幸せにする」という言葉には、違和感があります。なぜかというと、「幸せ」っていうのは、今起きている出来事や状況をその人が幸せだと感じる気持ちそのものであって、誰かに幸せにしてもらうとか、自分で幸せになりにいくとかいうものではないからです。

だから、すべての人に共通する「幸せってこういうものです」という定義は、残念ながらありません。人それぞれによって感じ方は違うから、自分にとっての幸せはみんな違っていいのです。

51

幸せは自分の心が決める

「こういうことが起きたら
幸せを感じる」
という決まりはない。
幸せは、得たものや出来事が
もたらしてくれるわけではなく、
私たちの心が決めている。

52

ないものにフォーカスするよりすでにあるものに感謝する

ないものねだりをすると
隣の芝生が青く見えるもの。
自分にないものに
フォーカスするのではなく、
これまでの人生で
身につけたことや
手に入れたこと、
出会えた人など
すでにあるものに
気づけることが幸せ。

53

幸せと感じることを増やし幸せじゃないことを減らす

どんな人といるのが幸せですか。
どんなことをしているのが
幸せですか。
逆に、どんなことをしないのが
幸せですか。
自分を幸せにしないことは減らし、
幸せと感じられることを
増やしていきたい。

54

自分の大切な人が幸せなら自分も幸せ

「自分を幸せにする」の
その先にあるのは
「他の誰かを幸せにする」
という幸せ。
大切な人の幸せは、
自分にとっての幸せでもある。
大切な人との関係の中で、
お互いが幸せを目指していき、
それがさらに、
お互いにとっての幸せに
なっていったらいいな。

55

誰かの役に立てているという気持ちが強い動機になる

誰かの役に立つことができる
という喜び、
それが私たちの
モチベーションになる。
たくさんの人たちとふれ合い、
交流をもって生きる今、
誰かの役に立てることは、
生きがいにもなる。

私自身がこれまで常に意識してきたことは「誰かの役に立つ」ことです。

私たちがなにかを続けていきたいと思う理由には、さまざまなものがあります。たとえば、お金が手に入るとか、社会的に認められるとか、楽しいからとか。その中でも、誰かの役に立てることは、ものすごく強いモチベーションになると感じています。

それが、顔を思い浮かべられる誰かであれば、続けていきたいという思いをより強くすると思います。私自身がアフリカのケニアでの活動を続けているのも、イメージしかできないケニアにいる人ではなく、実際にケニアで出会ったスラムで活動する人、医療を担う人、そのサポートをしている人たちの役に立ちたいという具体的な願いがあるからなのです。

56

自分がした選択がベストと思って過ごすのは結構幸せ

自分で決めて行ったことがうまくいかなかったとしても、「あちらにしておけばよかった」と悔やまなくていい。後悔なんてせず、自分がした選択がベストだったと思えるように取り組むことできっとハッピーに過ごせる。

57

4月4日は幸せの日に

「し」と「し」が合わさる
4月4日は、
私にとっては「幸せの日」。
4という数字は日本では
ネガティブにとらえられるけれど、
四つ葉のクローバー、
四番バッターなど、
よいイメージの言葉もある。
みなさんにとっても
4月4日が幸せの日で
ありますように。

幸せに生きるために手放したらいい4つのこと

思い込み

自分で自分を枠にはめ込んでしまうような、思い込みはありませんか。自分は変われないと思っているのだとしたら、それも思い込み。変われる可能性なんていくらでもあります。だって、自分のことは自分で決められるんですから。

恐れと不安

人が恐れや不安を感じるのは、未来のことを考える「想像力」のせい。他の動物にはない人間だけの能力です。けれど、まだ起きていないことを想像して、自分で恐れや不安を生み出すのは避けたいものです。

誰かと比べる癖

人と比べることでは、幸せはやって来ません。人をうらやむよりも、「今の自分が置かれた状況で、どう楽しむか」と考えるほうが前向きです。比べたいなら人と比べるよりも、自分自身の成長を過去の自分と比べてみたらいい。

劣等感

劣等感を手放すには、自分ができないことよりも、できることに目を向けること。「自分がもっているものを生かし、自分なりに楽しく過ごそう」と考えられるなら、きっと幸せに生きられるでしょう。

6章

Life

人生を
もっと楽しむ

59

人生は
つながっている

私たちが今していること、
今選択するものが、
その先の自分をつくる。
だから今なにを選ぶかに
責任をもちたい。

生き方も悩みも多様な現代において、みなさんにお伝えしたいことがあります。それは「人生はつながっている」ということ。

今の生活が1年後の自分をつくり、
今の学びが5年後の環境を生み、
今の悔しさが10年後の自分につながり、
今の人へのやさしさが20年後に返ってくる。

私たちが今していることが、将来の自分をつくります。たとえば、健康についていえば、なにを食べるか、どのくらい運動するか、どのくらい眠るかなど、その積み重ねが将来の自分をつくります。その場しのぎで対処してきた20年後と、食事や運動や睡眠に気をつけてよい習慣を地道に続けてきた20年後では、見た目にも中身にも大きな差が生まれるでしょう。健康面だけでなく、自分の内面や人間関係などについても同じことがいえます。だから、今なにを選ぶかに責任をもちたい。その責任は、自分の未来に対する責任だと思っています。

60

世の中が変わっても大事なことは変わらない

どんな世の中であっても
どんな価値観をもつ人でも
大事なことは変わらない。
それは、自分を大切にする
ということ。

コロナ禍によって、いろんなことが変わったと感じている方が多いのではないかと思います。そして、人によって価値観が違うということがはっきりする機会にもなりました。

たとえば、新型コロナウイルスに対してどのくらい恐怖心をもっているかは、人によって随分開きがありました。一人暮らしをしている若者と、高齢者や病気の家族と同居している方とでは、話が違ってくる。同じ物事に対してもその人が置かれた状況によってとらえ方が違うのはあたりまえのことですが、それがよりはっきりと突きつけられたように感じました。

でも、変わらないことがあると思うんです。世の中が変わっても、どんな人にとっても、変わらない大事なこと。それは、自分を大切にすること。そして、自分の大切な人を大切にすること。自分を大切にしてくれる人を大切にすること。よく生きていくための本質は、どんなときも変わらない。

61

すべては いつもの延長に

すべてはいつもの延長にあるから
「いつもの」を大切にしたい。

いつものヨガ、いつもの時間、
いつものご飯、いつもの会話、
いつもの挨拶、いつものふれ合い、
いつもの会釈、いつものお手入れ、
いつもの仲間。

「いつもの」が
「いつもの」であることに
感謝して毎日を過ごしたい。

62

今日出合うすべてのことを楽しんでみる

今日はどんなことが
起こるでしょうか。
どんなトラブルに
出合うでしょうか。
どんなうれしい報告が
聞けるでしょうか。
どんな人と会えるでしょうか。

今日出合うすべてのことを楽しむ、
そう決めてしまったら、
どんなことに出合ったとしても
楽しめる気がする。
今日はそんな一日にしてみよう。

63

人生
たいていのことは
どうにかなる

過去の出来事に対する後悔や
まだ見ぬ未来への不安に
心を奪われないで。
どんなことが起きても
生きていけないわけじゃない。

この世の中に起こるたいていのことは、どうにかなります。もちろん困ったことが起きないように努力することを前提としてですが、私はそう思いながら毎日を過ごしています。

たとえば、「電車が遅れて仕事に遅刻しそう」。もちろん遅刻しないに越したことはないけれど、過ぎた時間は戻せません。結果的に遅刻して取引先の信用を失う、契約ができなかった、となるかもしれないけれど、これまでのすべてがダメになってしまうわけじゃない。また、「試験に受からないかも」という心配。もし落ちたとしても、また次がんばればいい。受からなければ生きていけないわけじゃない。

私たちが不安を感じるのは、ほとんどが未来のことや過去に起きてしまったことに対してです。不安を感じたときは、未来や過去にばかり目を向けるのでなく、今を見ましょう。そして、この言葉、「人生たいていのことはどうにかなる」を思い出して。私もこの言葉に気持ちをちょっと救われながら、毎日小さな失敗を重ねて生きています。

64

自分にできることを粛々と

できることを粛々と
積み重ねていこう。
地味であまり変化を
感じられなくて、
ややもすると
おろそかにしがちな
積み重ねという努力。
考えても仕方ないことを
考えるより、
努力を重ねていくことで
きっとよく変わっていける。

自分でコントロールできないことは、考えても答えは出ませんし、不安が募るだけ。たとえば、新型コロナウイルスの感染拡大が始まった頃、私たちは「この先どうなっちゃうんだろう」という不安を抱えていました。でも、自分でコントロールできないこのような状況は、考えれば考えるほど、不安が増していきます。まずは自分ができる範囲のことをちゃんとしておけば、あとは仕方ないよねと思えるもの。そんな考え方をもつのもよいのではないでしょうか。

自分でコントロールできることといえば、夜しっかり寝る、朝ご飯を食べる、その日の予定をきちんと終わらせるなどといったこと。それでも不安なときは、不安に思うことをノートに書き出してみましょう。そして自分にできることを挙げ、それを一つずつ確実に終わらせていくほうが解決に近づきます。

自分にできることを粛々と積み重ねていく、これが未来の自分をよりよくつくっていくことにつながっていきます。

65

人生は4000週間

人生が何日かって考えると
膨大な日数のように思える。
でも、週で考えると、
80歳まで生きるとしたら
人生は4000週間くらい。
1週間が過ぎるのは
あっという間だから
4000は
決して多い数ではないよね。

66

何歳からでも遅くない

新しいことにチャレンジする
という姿勢は、
何歳になってももてるもの。
新しい環境に身を置くと
新しい仲間と出会える可能性も。
「これからもう一度
新たな人生がやってくる」
それくらいの気持ちで
40代、50代、60代を過ごそう。

67

人生には ユーモアが大事

失敗や残念なことを
ほっこりできる
温かい笑いにしてみる。
物事はとらえ方次第で
明るい方向に
もっていくことができる。

仕事ではミスがあってはいけないという思いはありますが、趣味や生活の中でちょっとした失敗や残念なことがあったとき、明るくとらえ直すことってありだと思っています。

たとえば、これは私がプールに行ったときの話。私は泳ぐのが好きですが、泳ぐときでもこのヘアスタイルが変わってほしくないわけです。でも、水に濡れたら「モヒ」はなくなっちゃうし、屋内プールなら帽子をかぶらなきゃならない。ここで気持ちを後ろ向きにもっていくのではなく、「誰これ！」って自分に明るくつっ込んで、「でも、泳ぎたいんだからしょうがないか」と思うことに。そのほうが周囲も明るくなりますよね。

物事はすべてとらえ方次第。しかもそれは自分で決められます。明るい方向にとらえることができるのって、じつはスキル。練習することで身につけていけるものだと思うんです。

68

仕事＝人生のすべてではない

世の中の仕事のほとんどは、
誰かが代わりにやったとしても
成り立たなければいけないもの。
そう考えると、
人生を仕事だけに捧げるのは
もったいない。
仕事以外の時間も充実させれば、
これからの人生が
もっと楽しみになる。

69

チャレンジするからこそ失敗をする

人生はチャレンジの連続。
チャレンジしているという
感覚のないときでも、
私たちは多くのチャレンジをして
人生を送っている。
失敗もあるかもしれないけど、
チャレンジしているからこそ
失敗する。
失敗のない100点満点の
人生なんてないから。

70

人生をやり直すことはできる

過去の過ちから目を背けず、
過去の自分を反面教師にして
前向きに後悔を
乗り越えていこう。

「過去に、ひどい言葉で人を傷つけてしまったことを後悔している。過去の過ちと、どのように向き合えばよいのでしょうか」というご相談を受けたことがあります。絶対に取り返しがつかないという特別な状況でなければ、人生は誰もがやり直すことができるのではないでしょうか。

この方は、すでに自分の過ちに気づいていらっしゃる。それならば、前向きに乗り越えていくだけ。周りの方たちに対して、どんな言葉を届けることが望ましいのか、どんな行動を起こしたら人の役に立てるのか。プラスの考え方をもってアクションを起こしていくことだと思います。

過ちから目を背けるのか。

過ちを学びや教訓にして前に進んでいくのか。

このどちらを選ぶかは、私たち次第。過去の過ちから学んで、自分がこれからどんな言葉や行動を選んでいくのか。こうありたいという姿を頭にイメージしながら、過去の自分を反面教師に人生をやり直すことはできると思います。

年齢を重ねることでよかったなと思える4つのこと

たいていのことはどうにかなると思えるようになったこと

もし意図せずトラブルを起こしてしまった場合は心から謝り、どう乗り越えていくかを考える。その中で最後のゴールとして「たいていのことはどうにかなる」という考えを念頭に置きながら、自分でできることをするのが大事だと思っています。

不安なことがだんだん減ってきたこと

たとえば、あまりお金の心配をしなくてもよくなりました。また、お金を使いたい部分には使い、使わなくていい部分には使わないという判断もできるようになっています。

交渉力が身についてきたこと

時間やフィー、条件などの交渉能力は、経験を重ねるなかで身についてきます。自分がやりたいことを納得して続けていくためには、磨くことが望ましいスキルだと思っています。

人間関係が整理されてきたこと

40年、50年と生きてくると、周りには残るべき人だけが残ってきます。利害関係だけのつながりはいずれ消えてゆき、逆に、長く続いている友だちとの関係はたとえ半年連絡を取っていなくてもなにも変わらないものです。

7章

Healthcare

健康は自分で手に入れる

ホルモンを知ることは自分の人生を知ること

女性の心身に生涯を通じて
影響を及ぼす
女性ホルモン。
男性にも男性ホルモンが
影響することが
知られるようになってきました。
その変動や影響について
知っておくことは、
転ばぬ先の「知恵」。

女性は年代ごとにいろんな悩みが出てきますが、これには女性ホルモンの変動が関わっています。エストロゲンは、肌や髪のつやを保ったり、骨を丈夫に維持したり、自律神経の働きを整えたりと、さまざまな恩恵をもたらしてくれます。その一方で、月経時や産後・更年期には心身に不調をもたらすことも。

男性にも男性ホルモンが大きく影響を及ぼしています。男性ホルモンの代表であるテストステロンは、骨を強く保ち筋肉量を増やすといった体に対する影響だけでなく、生活習慣病にならないように守ってくれたり、性機能を維持するという役割ももちます。一方で、認知力、理解力、判断力など、社会人として必要とされるスキルを担ってくれているのも確かなことで、ホルモンの減少によって、仕事をがんばれないと感じるというケースが起こりえます。また、前向きな気持ちを生むという側面もあるため、テストステロンについて知っておくことは、これからよりよく生きていくことにつながります。

つまり、性別を問わずホルモンを知ることは、自分の人生を知ることと同じ、といえるわけです。

73

生理はコントロールしたらいい

生理痛やPMSがつらいなら
低用量ピルで
生理をコントロールする
という選択肢もあり。

女性にとって生理をコントロールすることを叶えてくれるのが、産婦人科で処方される低用量ピルです。低用量ピルとは、エストロゲンとプロゲステロンという二つの女性ホルモンが配合された内服薬のこと。これを飲むと、脳の視床下部が二つのホルモンがすでに分泌されていると錯覚し、ホルモンを分泌する必要がないと判断します。排卵が起こらないために避妊でき、ホルモンの分泌量が安定するのは、そのためです。

低用量ピルを飲むと生理周期をコントロールできるので、生理不順で困ることはなくなります。また、排卵後という時期がないためPMS（月経前症候群）がなくなり、子宮内膜は薄くなるので、生理痛や過多月経も起きにくくなります。心身の不調が減れば、取り組みたいことに集中できますよね。

低用量ピルは、血栓症のリスクに気をつけながら、50歳まで飲み続けることができます。現在は月経困難症と子宮内膜症の疼痛に対し、保険適用にもなっています。生理痛に対する痛み止めと同じように、低用量ピルを活用するのも、女性が生理痛に振り回されないための大事な一つの選択肢です。

人生を俯瞰《ふかん》し眺めてみる

長い人生の軸の中で
今自分はどの時期にいるのか。
少し離れた位置から俯瞰して
自分の人生をデザインしよう。

女性において、10代の第二次性徴期から始まって更年期に至るまで、女性ホルモンの一つであるエストロゲンの分泌量は変動していきます。今自分はどの時期にいるのか、人生を俯瞰し、眺めてみることで、自分で自分の人生をデザインしやすくなります。

一方で、カップルで子どもをもちたいと考えているなら、女性にとって妊娠できる時期は限られており、エストロゲンが減少し始める30代半ばより前にと計画することができるわけです。40代以降に男女ともホルモンの分泌量が減っていくことを知っておけば、そのホルモンが担ってくれていた役割ができなくなることによる不調が起きても不安になりすぎず、自分に合う対策を考えることができます。困ってから対策をするのと、前もって対策しておくのでは、違いますよね。

さまざまな生き方の選択肢がある今の時代、みなさんに自分の人生を自分で決めていく力強さをもっていただきたいと願っています。

75

自分の調子のよさは自分で手に入れる

同じ出来事が起こっても、
自分の調子がよければ
前向きにとらえることができる。
周囲の状況や起こったことは
変えられないけれど、
自分の調子のよさは
自分で手に入れよう。

私たちには、「今日は調子がいいな」と感じる日もあれば、「今日は無理」という日もあります。たとえば、朝までぐっすり眠れた日と、夜中に目が覚めてしまって眠れなくなり朝を迎えた日とでは、一日の調子は変わってきますよね。

私たちの調子は、自分の調子だけでなく、周りからも影響を受けます。家族の体調が悪いと心配ですし、電車が遅れることもありますし、ウイルスなどの存在も不安を引き起こす。でも、こうした状況は自分で変えることができません。

ただ、同じ状況でも、自分の調子がいい日と悪い日では、とらえ方は変わってきます。たとえば、仕事で同僚がミスをしたとき、調子がいい日なら「仕方ない、みんなでカバーしよう」と前向きにとらえられる。けれど、心配事があったり、睡眠不足だったりすると、「本当に面倒なことをしてくれた」と思ってしまうことも。つまり、起こった物事のとらえ方は、自分のコンディションに左右されるんです。私はいつも「よく寝よう」とか「適度な運動をしよう」とか、根本的な話ばかりを繰り返していますが、自分のコンディションをよく保つことが、前向きな考え方、とらえ方につながると思っているからなんです。

76

これからは人生を身軽に生きていく

「もの」と「人間関係」と「役割」。
これまでは増やしていくことで
多くのものを得てきたけれど、
更年期を迎えて
人生の曲がり角にさしかかったら
少しずつ軽くしていこう。

人は年を重ねるにつれて家族が増え、役割が増え、そのほかにもいろいろなものが増えていきます。増え続けるのはそろそろここまでで、そこから先はだんだん減っていき、世の中的には「下り坂」と表現されたりしますよね。下り坂っていうとせっかく手に入れたものを失っていくというようなイメージですが、「下り坂」というより「身軽に」というほうが合っているような気がしています。

これからは、意図的にどんどん手放していくことによって、身軽に生きていく。まずは、着ていない洋服や使っていない道具、食器などの「もの」を減らす。そして、「人間関係」を少しずつ整理していく。また、父・母・夫・妻・地域の役員などの「役割」も、仕事関係のしがらみも、自分がしなくてもいいかなと思うものに関しては、前向きに手放していく。

ここからは、こういう意識をもちながら毎日を過ごしていきましょう。

77

更年期を過ぎたら
ご褒美の時期が
待っている

閉経を迎え、
エストロゲンが少ない状態に
体が慣れてきたら、
女性ホルモンに揺さぶられない
穏やかな時期がやってくる。

女性において更年期とは、生理がなくなる閉経の前後10年間ほどの期間を指します。閉経の時期は人によって違い、早い人では40〜45歳の間に閉経することもあります。

更年期には、エストロゲンの分泌量が急激に減ることで、ほてりやのぼせ、動悸などの自律神経症状、肩こりや頭痛、イライラや物忘れなどのメンタルの不調など、さまざまな症状があらわれます。不安に感じる方も少なくありませんが、ずっと続くわけではありません。とくに閉経前2年から閉経後の1年の計3〜4年間は更年期症状が強く出やすい時期とされていますが、その後は、エストロゲンが少ない状態に体がだんだん慣れ、ホルモンの揺らぎによる不調は徐々になくなっていきます。

更年期を過ぎたら、人生で初めてと言ってもいいくらい、女性ホルモンに揺さぶられることがない穏やかな凪の時期がやってきます。更年期の治療法もちゃんと用意されていますので、賢く取り入れて、どうにか前向きに乗り切っていきましょう。

今日できることが
明日もできるなら
それは「進化」

加齢のせいでできなくなる
かもしれないことを、
できる状態で保てるように、
自分にできることを
毎日積み重ねていこう。

年齢を重ねると、体の不調が起こりやすくなり、筋力や体力、柔軟性などに変化が表れてきます。それに気づいたとき、「年のせいだね」とネガティブな思いとともに言うことがあると思いますが、年のせいと言えるのは、それまで大きな病気を経験せずに、ある意味平和に年を重ねてきたから、ともいえます。

ですから、年相応に「年のせい」と言える人生を送ってこられてよかったと、まずは前向きに考えていただくとよいと思います。大切なのは、加齢性の変化に気づいたときに、「年のせいだから仕方ない」と開き直るのではなく、なにをしたらよいかを考えることです。自分で変えられる部分は変えていく。たとえば、持久力が落ちたなら、できる範囲で運動を続けてみる。姿勢が悪くなってきたら、よい姿勢を保つように意識する。

「今日できることは明日もできるようにする」を目標に、毎日自分にできることを積み重ねていくことで、1週間前、1か月前、さらには1年前にできていたことができる可能性が高くなります。本来なら年のせいでできなくなっていくことをできるままで保てることは、「老化」ではなく、「進化」なのです。

高尾美穂のこと

Column 3

移り変わる空を眺めながら思うこと

私は空を眺めるのが好きです。あるとき、なぜ空を眺めるのが好きなのかと考えてみました。

昼の空と夜の空、どちらが好きかというと、夜の空のほうが好きです。夜の空といえば月ですが、月は毎日見え方が変わります。14日くらいのサイクルで新月から満月へ、そしてまた満月から新月へと変わっていきますよね。月の形も、太くなったり細くなったりして、少しずつ変わっていく。この様子が楽しいのです。天気によっては雲に隠れて見えない日もありますから、たとえば3日見られないと、久しぶりに見る月はずいぶん変わっている。細かったのがラグビーボールぐらいになっていたりするのです。星も移り変わっていきます。夏の大三角や冬のオリオン座など、季節によって見える星が違います。

こう考えてみると、私は夜の空が「移り変わっていくものだから」好きなんだという理由にたどり着きました。

もちろん、昼間の空も好きです。私はどんな空が好きなんだろう、と考えて気づいたのは、真っ青な雲一つない空よりも、雲がある空のほうが好きだということ。台風の通り過ぎた後や、雨上がりの空は、雲の流れが速く、空模様がどんどん移り変わっていく。そしてその雲によって太陽の見え方も変わる。そんな様子を眺めているのが、すごく好きです。

もちろん太陽が見えない曇天の日もありますよね。そんな日のグレーの空も好きなんです。グレーの空の上にさらにグレーの雲がかかっている、濃淡で表された風景は、いわば水墨画の世界。これも楽しいですね。

私は「移り変わっていく」ことに興味をもち、空を眺めている。そう考えたときに、私自身の人生にも同じことがいえるのではないか、という思いにたどり着きました。どういうことかといいますと、私が携わっている医師という仕事は、来られた方にアドバイスをして、その方がよい方向へと変わっていくのを眺めていられる仕事なんです。こういった仕事は、医師以外にもあると思います。たとえば、運動指導者のみなさんや栄養士さん、学校の先生たち。どのような分野で関わるかによってそれぞれ役割は違いますが、どの仕事も、目の前にいる誰かがよい方向に変わっていくのを眺めていられる仕事です。やりがいを直接的に感じられるありがたい仕事だと、私はいつも思っています。

そして、その方がよく変わっていくために、自分になにができるのかといつも考えます。私たちの仕事は、その方の生活や人生に、よい影響を及ぼすこともできれば、悪い影響を及ぼす可能性もあります。それならば、やはり目の前におられる方の人生をよくすることに貢献したい。もちろん、私にできることは提案であり、その方ご自身が自分の心で決めてそれを続けることによって、自分の力で自分を変えていきます。医師は、その変化をそばで眺めていられる仕事。幸せな仕事だと思っています。

また、空を眺めていると、物事は多面的にとらえることができると気づかされます。雲は水蒸気がまとまった状態で水からできており、これが見えていない状態が晴天の空、見えている状態が曇天です。さらに天気が崩れると、そこから雨粒が落ちてきます。

つまり空というのは、バックは青い空で、その手前にいつも水蒸気などの水分がある状態。私たちが快晴だと思っている空も、曇天のグレーの空も、どちらも自分と空の間には水分が存在していて、それが見えているか、見えてないかだけの違いだということに気がつきます。

青空をありがたいと考えることもできますし、曇天のグレーの空であっても、その向こうには青い空が広がっているはずと考えることもできます。そして、このグレーの部分は、いつもの青い空には見えていなかった水分が見えているだけだ、というとらえ方もできると思います。空一つを取ってみても、何通りもの考え方をすることができます。これは、私たちの社会でも同じことがいえるのではないでしょうか。

つまり、物事はすべてとらえ方次第、というわけです。見えている側面だけでなく、見えていない側面に思いを向けてみることで、物事を多面的にとらえることができる。そんなことに気づかされるのも、空を眺めるのが好きな理由かもしれません。

私は空を、毎日毎日、一日の中で少なくとも5分や10分、もしかしたら20分くらいは眺めています。みなさんも、空を眺めてみませんか。

調子がよいとき、幸せなときにはなんとも感じない空も、つらいとき、泣きたいときには心を温めてくれる、心を洗い流してくれる、そんな空だったりするものです。みなさんの好きな空はどんな空ですか。

Photo: Miho Takao

おわりに

人生には法則があります。

それは、「願わなければ叶うことはない」という法則。こんな人でありたい、こんな人生を送りたい、そう願わない限り、そうはなれない。

私も、医師として多くの人のお役に立ちたい、女性の健康を通して社会全体をよりよく、豊かなものに変えていきたい、産婦人科医として診療を続けながら、病院を受診するよりも前の段階でご自身の健康維持について正しく知っていただく機会をさまざまな方法で提供したい、自分が決めていく人生は素敵なものだと広く伝えたい、そう願い続けてきたから、今があります。

ただ、願えば叶うのかといえばそんなわけもないですよね。たとえば「宝くじに当たりたい」と願う人は、その願いを本気で叶えるためになにをするでしょうか。まずは「宝くじを買う」という行動を起こすでしょうし、連番のほうが当たるのか、バラバラの番号のほうが当たるのか、何組も買ったほうが当たるのか、どこの売り場だとよく当たるのか、お日柄がよい日のほうが当たるのか、日頃の行いがよいほうが当たりやすいのか、などなど、「宝くじに当たりたい」という自分の願いを叶えるための行動をさらに重ねていくことでしょう。

人生たいていのことはどうにかなる。私は本気でそう思っています。

この言葉を現実のものにするためには、「たいていのことはどうにかなる」とイメージすることがまずは必要です。さらに、「宝くじに当たりたい」と願っている人が宝くじに当たるようといろいろ行動してみるのと同じように、なにかが起こったとしても「どうにかなっていく」よう日々を過ごしていくことが必要だということは、この本をお読みいただいたみなさんにはすでに届いていることでしょう。

これからまだまだたっぷりある時間を、より自分らしく、望んだ人生に近い人生をおくるには、自分がなにを望んでいるのか、なにを手にし、なにを手放し、誰とより多くの時間をともにしたいのか、望みを具体的に言語化し、建設的にアクションを進めていくのがいちばんの近道です。

また、「よりよい人生を」といった抽象的な言葉は確かに心を温かくふわっと包んでくれるけれど、実際になにをしたらよいのかわからない、そんな気持ちになる方も少なくないと思います。

この本では、次なる現実的なアクションをイメージできるようなメッセージをグループ分けしました。

自分の考え方について、自分の健康について、変えていける可能性がもっとも高いのは自分のこと。一方で、自分の意志だけでは変えられないのが他の誰かが絡むこと。

この本に出合う前とお読みいただいた今とでは、「なにをどうしたら、たいていのことをどうにかしていけるのか」について、考え方と行動の整理整頓が進んでいるのではないかと思います。

みなさんのこれからの人生が、なんとなく過ぎていく時間の積み重ね、ではなく、ご自身の選択する言葉と心もちとアクションによって生み出された、自分が納得できる人生となっていくことを願って。

２０２５年初夏

高尾美穂

幸せを願う心。

高尾美穂（たかお みほ）
医学博士・産婦人科専門医。日本スポーツ協会公認スポーツドクター。イーク表参道副院長。ヨガ指導者。婦人科の診療を通して、女性の健康を支え、女性のライフステージに応じた治療法を提示し、選択をサポートしている。テレビや雑誌などメディアへの出演、講演会、SNSでの発信のほか、stand.fm、Voicy、YouTubeなどで配信している音声番組『高尾美穂からのリアルボイス』では、リスナーからのさまざまな悩みに回答し、総再生回数1550万回を超える人気番組となっている。著書に『心が揺れがちな時代に「私は私」で生きるには』（日経BP）、『更年期に効く 美女ヂカラ』（リベラル社）、『こうしたらきっとうまくいく』（扶桑社）など。

ブックデザイン／オフィスメイプル　帯写真／難波雄史
校正／麦秋新社　構成／竹林美和　編集／橋本妙子（扶桑社）

扶桑社新書 532

人生たいていのことは
どうにかなる
あなたをご機嫌にする78の言葉

発行日 2025年5月1日　初版第1刷発行

著　　者………高尾美穂
発 行 者………秋尾弘史
発 行 所………株式会社 扶桑社
〒105-8070
東京都港区海岸1-2-20 汐留ビルディング
電話 03-5843-8843（編集）
03-5843-8143（メールセンター）
www.fusosha.co.jp

印刷・製本………株式会社広済堂ネクスト

Printed in Japan　ISBN 978-4-594-10072-8